AF279332

Laura Medina

APULEYO EDICIONES   FOMENTO DE VALORES   CUENTOS ILUSTRADOS

¡Ay Linda, qué vaca más linda!

APULEYO EDICIONES   FOMENTO DE VALORES   CUENTOS ILUSTRADOS

En una granja convivían varios animales: cerdos, ovejas, gallinas, vacas... En la familia de las vacas, todas eran blancas con manchas negras, excepto una, que era solo negra.

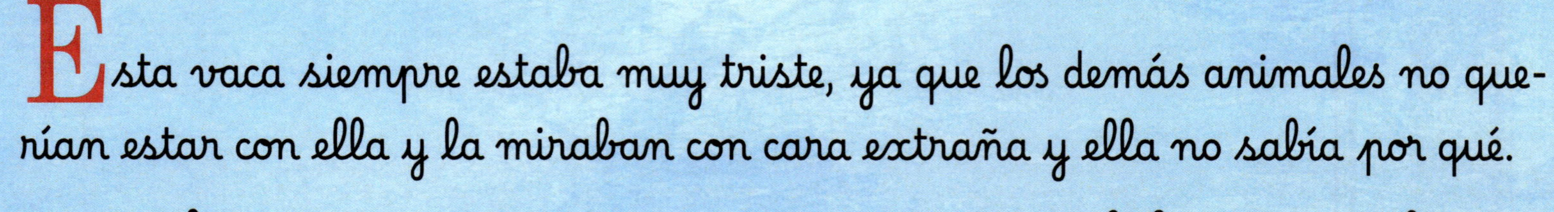

Esta vaca siempre estaba muy triste, ya que los demás animales no querían estar con ella y la miraban con cara extraña y ella no sabía por qué.

—¡Mírala! —dijo una oveja a un cerdo—. No sé por qué le han puesto el nombre que tiene.

Linda, que así se llamaba la vaca, agachaba la cabeza y sin poder mirarlos, se ponía a llorar.

as demás vacas nunca contaban con ella para ir a pastar y tenía que hacerlo sola y cuando quería acercarse, estas se iban.

A causa de esta tristeza, Linda empezó a producir cada vez menos leche y esto fue otro motivo de burla para sus compañeros de la granja, pero, sobre todo, fue motivo para que el dueño de la granja se plantease venderla, pues así no le era rentable.

—Estoy pensando en vender a Linda —dijo el granjero a su esposa—, pues no está dando mucha leche.

—Sí, es verdad, pero es que esta vaca está un poco rara, está algo triste, ¿no te parece?

—¡Qué dices, mujer!, ¿cómo va a estar una vaca triste? Y además, ¿qué motivos tendría para estarlo?

—No sé, pero yo he estado observando últimamente comportamientos extraños de los demás animales hacia ella.

—¡Ja, ja! —se rio el granjero—. ¡¿Cómo van a hacer eso?! ¡Los animales no piensan tanto! Bueno, le daremos un par de semanas, a ver si se alegra —dijo con un poco de ironía.

La conversación se acabó ahí, pero llegó a oídos de dos gallinas entrometidas que estaban cerca del matrimonio.

Esa misma noche, estas gallinas se dedicaron a difundir el deseo del granjero y claro está, también se enteró Linda. Esta se puso muy triste y no paró de llorar durante días.

Quedaba una semana para la decisión del granjero y Linda seguía igual: llorando todo el rato y cada vez tenía menos leche. Pero una mañana se despertó y pensó: «les plantaré cara a los demás animales y cuando pasen por mi lado y se mofen, no agacharé la cabeza, los miraré y no lloraré, pues yo soy una vaca como las demás y con muy buena leche. Nunca dejaré que me afecten los comentarios absurdos del resto de animales».

A partir de ese momento, Linda empezó a estar más segura de sí misma, más contenta y por lo tanto, empezó a producir más y más leche.

De este cambio se dio cuenta el granjero y llegó a la conclusión de que su mujer llevaba razón.

—María, llevas razón, he estado observando a Linda y desde hace unos días, está produciendo más leche, pero también tiene un comportamiento diferente, no sé…, quizá más alegre.

—Ya te lo dije —le contestó ella—. Algo le pasaba a esa vaca. ¿Y ahora qué hacemos?, pues ya hemos hablado con Pedro, el comprador, que vendrá mañana por la mañana.

Llegó el día siguiente y bien temprano, a eso de las seis de la mañana, llegó Pedro.

—¿Dónde está la vaca de la que me hablasteis?

—Está pastando, ahora la traigo —dijo María con voz triste.

Mientras, su esposo explicó al comprador la nueva situación con aquella vaca y logró convencerlo para no vendérsela.

Cuando María regresó, se llevó una gran sorpresa, pues Pedro se había marchado. Entonces, con gran alegría, abrazó a la vaca y exclamó:

—¡Ay, Linda, qué vaca más linda!

Los demás animales estaban expectantes, mirando lo que ocurría, no se lo podían creer.

Así que desde entonces, Linda fue respetada por todos ellos y nunca más la dejaron de lado. Y por supuesto, era la vaca que más y mejor leche daba, pues era la vaca más alegre de toda la granja.

FIN

¡Ay Linda, qué vaca más linda!

APULEYO EDICIONES   FOMENTO DE VALORES   CUENTOS ILUSTRADOS

Laura Medina

APULEYO EDICIONES · FOMENTO DE VALORES · CUENTOS ILUSTRADOS